Thank you to my Benjamin; Mami; Dad; Leandro;
my incredible translator and beloved cousin, Maria Jose;
Boswell, aka Lisa; Alphonse; Jadah; Brittany;
the TinyTeam; Brit Washburn;
plus Lisa Weinert and the Narrative Healing community,
all who helped me find my way toward the light.

Second Edition,
January 2024

Osci, 11:11.

Knowing

But I too want to be a poet
free of the push of the hour,
clocking in with the moon and out
with the sun—

enraptured with voice
outside of the clickety clack,
no inbox, instead
smooth stretch of satin page,

freedom from the coil
of spreadsheets,
formulas,
reports,

lift arms to the sky, pluck out clouds,
wander the road,
waffling and loafing
straw hanging from lip—

feel the depths of my beliefs,
laugh a mad woman's laugh—
unbridled,
unrestrained,

hair tumbling unbrushed
down my back, across rounded hips,
letting go of the pack
I've carried—

relieved
of that weight.
Journey
complete.

Saber

Pero también quiero ser poeta
libre la urgencia de la hora,
fichando con la luna y saliendo
con el sol—

extasiada con la voz
fuera del tecleo,
sin bandeja de entrada, en cambio
una suave extensión de página de satén,

libertad del enredo
de hojas de cálculo,
fórmulas,
informes,

levantar los brazos al cielo, arrancar nubes,
andar por el camino,
Parloteando y holgazaneando
Una ramita entre mis labios—

sentir la profundidad de mis creencias,
reír como una loca—
desenfrenada,
sin restricciones,

el pelo despeinado
cayendo por mi espalda, sobre caderas redondeadas,
dejar ir la mochila
que he llevado—

aliviada
de ese peso.
Viaje
completado.

Mountaintop

Here, I love you.
Where the moon
beams lonesome
unmatched by the
distant stars.

Where the fog of my
breath acts as
offering to the cold air,
so still it is startled
by my presence.

Where the ferns are
erased in intricate
prisms of ice and mist
and fur-cloaked vermin
hide behind their fringed arms.

Here, I love you,
alms offered from
crystalline tree branch
the peak of a crown fitted

with sparking jewels
tilted and jaunty
a smile and echoing
laughter calling you home

Here, I love you,
among the kindling
and carbon glowing
before us at the foot

of the forest, an invitation
to dance, surrender
to what we invite
in and who we leave out.

Cumbre

Acá te quiero,
donde la luna
brilla solitaria
sin competencia de las
estrellas distantes.

Donde la niebla de mi
aliento actúa como
ofrenda al aire frío,
tan quieto que se asusta
de mi presencia.

Donde los helechos se
borran en intrincados
prismas de hielo y niebla
y las alimañas con pelaje
se esconden detrás de sus
brazos con flecos.

Acá te quiero,
limosnas ofrecidas desde
una rama de árbol cristalina
la cima de una corona

con joyas destellantes
recostado y alegre
una sonrisa y el eco de
la risa llamándote a casa

Acá te quiero,
entre la leña
y el carbón que brilla
ante nosotros a los pies

del bosque, una invitación
a bailar, rendirse
a lo que invitamos dentro
y a quien dejamos afuera.

Grief

I cannot breathe.
Tight. Small.
Fleshy mollusk
without lungs.
No, no shell.
I am a new body.
Blind, searching
through sand, water.
No, air.
I am broken,
yet moving,
a headless chicken, pulsing.
A tree felled by storm,
nutrients
still
racing
through
its
trunk.

Dolor

No puedo respirar.
Apretada. Pequeña.
Molusco carnoso
sin pulmones.
No, sin caparazón.
Soy un cuerpo nuevo.
Ciega, buscando
entre la arena, el agua.
No, el aire.
Estoy rota,
aún en movimiento,
un pollo sin cabeza, pulsante.
Un árbol derribado por la tormenta,
nutrientes
aún
corriendo
a través
de
su
tronco.

While You Were Out

There is not enough silence–
heart pierced by the night, the cloak
of imposed rest, blood throbbing, recirculating.
Blessings to the tired ankle, tense brow.

So much work is done while sleeping.
We wake to stinging eyes,
spine compressed, creases lining cheek,
your hands reaching for the sun.

Mientras Estabas Afuera

No hay suficiente silencio -
corazón atravesado por la noche, la capa
de reposo impuesto, la sangre palpitando, recirculando.
Bendiciones al tobillo cansado, frente tensa.

Se trabaja tanto mientras se duerme.
Nos despertamos con los ojos ardiendo,
la columna vertebral comprimida, arrugas en las mejillas,
tus manos alcanzando el sol.

Caracol

I once believed my ears heard silence,
coiled snail shell, tiny hairs straining to deliver messages,
pertinent information.
Data, data, data.

But it is in my touch,
my fingers, your neck,
spoons in this bed, dog at our feet, cat at our heads,
I hear the silence extend its offering
giving myself to sound.

I need to hear your voice, sweetheart.
Sometimes hoarse and craggy. Others
a smooth alto.
Soprano soaring from sixth floor
operatic scale from ears to heart.
No words. Just voice.

The tendrils of ivy are said to choke
the bricks of tenement towers,
Rain them down from city to city.

When I am saved a great flood
will sweep over this land of
of drought, take us away,
clean and green,
to where we are whole.

Caracol

Una vez creí que mis oídos escuchaban el silencio,
caparazón de caracol espiralado,
diminutos pelos esforzándose por entregar mensajes,
información pertinente.
Datos, datos, datos.

Pero es en mi tacto,
mis dedos, tu cuello,
cucharas en esta cama, el perro a nuestros pies,
el gato en nuestra cabeza,
donde oigo el silencio extender su ofrenda
entregándome al sonido.

Necesito oír tu voz, vida mía.
A veces ronca y áspera. Otras
un suave contralto.
Soprano que se eleva desde el sexto piso
escala operística de oídos a corazón.
Sin palabras. Solo voz.

Se dice que las hiedras ahogan
los ladrillos de los viejos edificios,
derramándolos de ciudad en ciudad.

Cuando me salve,
una gran inundación barrerá esta tierra
de sequía, llevándonos lejos,
limpios y verdes,
a donde estemos enteros.

Terrarium

Cool silver shards
sleepy window sill
2x4 I placed over
the radiator to protect
those hardy succulents.
My thumb can't save
tendrils rooted
among craggy rocks
Medusa air plant lifting
seeing all.

Terrario

Esquirlas de plata fría
alféizar de la ventana dormida
trozo de madera que puse sobre
el radiador para proteger
esas suculentas resistentes.
Mi pulgar no puede salvar
raíces entrelazadas
entre rocas escarpadas
Planta de aire Medusa elevándose
viendo todo.

Fading

It's like that scene in the movie where the man is running out of time, Polaroid in hand, his image disappearing faster than the ticking of the clock. Time travel can't save us nor can all of the well-wishes and sorries for your loss. Our loss. Condolences. RIP.

There was a time when we rode roller skates through the neighborhood, dipped in a pool to cool off and laid on the grass, blades poking through thin cotton t-shirts and athletic socks. The earth keeping us from evaporating in the summer heat.

I am still here, trying to make sense of it all, trying to form the words that might put everything in its place.

What if the turns went left, the curse was never uttered? What if everything remained the same, preserved on the smooth of the pavement, wheels gliding on? What if you were here?

I don't have the answers, but I know there was love and place and time and soon it will be Monday again and the coffee will brew and I'll lean against the counter and think of all the teaspoons of sugar ladled over a lifetime and cry that your sweetness is gone.

Desvanecer

Es como esa escena de la película en la que el hombre se está quedando sin tiempo, con una Polaroid en la mano, su imagen se desvanece más rápido que el tictac del reloj. El viaje en el tiempo no puede salvarnos, ni tampoco todas las condolencias por tu pérdida. Nuestra pérdida. Descansa en paz.

Hubo un tiempo en el que patinábamos por el barrio, nos metíamos a una pileta para refrescarnos y nos acostábamos en el césped, con el pasto atravesando las finas camisetas de algodón y las medias deportivas. La tierra nos impedía evaporarnos en el calor del verano.

Todavía estoy aquí, tratando de darle sentido a todo, tratando de formar las palabras que podrían poner todo en su lugar.

¿Qué pasaría si los giros fueran a la izquierda, la maldición nunca se hubiera pronunciado? ¿Qué pasaría si todo se mantuviera igual, preservado en la suavidad del pavimento, las ruedas girando? ¿Qué pasaría si estuvieras aquí?

No tengo las respuestas, pero sé que hubo amor, lugar y tiempo y pronto será lunes de nuevo y el café estará listo y me apoyaré en la mesada de la cocina y pensaré en todas las cucharaditas de azúcar vertidas durante toda una vida y lloraré porque tu dulzura se ha ido.

Seen

Fat women on train
we just sit and try to talk
with only our eyes

Ser Vista

Mujeres gordas en el tren
nos sentamos e intentamos hablar
solo con nuestros ojos

Immigrant Kitchen

I don't know what I want to cook
but I am looking for all the spices

I don't know what I want to read
but I am stocking my shelves

I don't know how to dream
but my notebook is filled with sketches

white and grey
charcoal lined.

Cocina de Inmigrantes

No sé qué quiero cocinar
pero busco todas las especias

No sé qué quiero leer
pero lleno mi despensa

No sé cómo soñar
pero mi cuaderno está repleto de bocetos

blanco y gris
con líneas color carbón.

Creek

I visited the creek today.
The smell is still the same—
seven years old and skinned knee
climbing the banks
Easter morning,
breaking the rules.
Coming home with algae
smeared on my dress.

How does a place hold onto so much?
The depth of the water.
The slope of the tunnel that streams
from one end of town to the next.
The light,
it still ripples.
The White Ash turned chartreuse
sun-kissing color as the gnats swarm.

The amber leaf is following the current,
now faster, away from me.
I thought about climbing in,
dipping my toe, but refrained.
That's not my role now.
Mine is to hold the stones, the fronds,
the musk of molting leaves and November sun
that last gasp of lush life.

To remember.

Arroyo

Visité el arroyo hoy.
El olor sigue siendo el mismo—
siete años y rodilla raspada
trepando las orillas
el domingo de Pascua,
rompiendo las reglas.
Viniendo a casa con algas manchando
mi vestido.

¿Cómo puede un lugar conservar tanto?
La profundidad del agua.
La pendiente del túnel que fluye
de un extremo de la ciudad al otro.
La luz,
sigue ondulando.
El Fresno Blanco se volvió verde amarillento
besado por el sol mientras los mosquitos rondan.

La hoja ámbar sigue la corriente,
ahora más rápido, lejos de mí.
Pensé en subirme,
mojando un dedo del pie, pero me contuve.
Ese no es mi propósito ahora.
El mío es sostener las piedras, las frondas,
el almizcle de las hojas que mudan
la piel y el sol de noviembre
ese último suspiro de vida exuberante.

Para recordar.

La Cucaracha

The color of your wings:
Tiger's eye brown marble,
seldom used to fly,
tucked under for safe keeping,
a reminder of a distant grandeur.
Rigid and flexible, resilient.

Survivor of more than 280 million years.
The Carboniferous Era.
That song makes haste
of your inability to walk:

porque no tiene
porque le falta
                    una pata para andar

Nobody knows the other lyrics:
mother and father plotting murder.
The Internet is filled with poison cocktails
instructions on how to do the same.
Not one entry on the beauty of your body.

La Cucaracha

El color de tus alas:
Ojo de tigre, mármol marrón
rara vez usadas para volar,
plegadas por su seguridad,
un recordatorio de una grandeza distante.
Rígida y flexible, resiliente.

Sobreviviente de más de 280 millones de años.
La era carbonífera.
Esa canción se apresura
a tu incapacidad para caminar:

porque no tiene
porque le falta
una pata para andar

Nadie conoce la letra restante:
padres tramando un asesinato.
Internet está llena de cócteles venenosos
instrucciones sobre cómo hacer lo mismo.
Ni un artículo sobre la belleza de tu cuerpo.

GWB

I thought I saw a bird with wings spread
wide, pointing at the sun.
I thought I saw a carcass, bones picked
clean like the ones I strip for broth.
But it was a bridge, beckoning me
forward through the parting fog,
steel beams, twisted cable threads,
bolts impossibly holding
the way over the river.

Each March, the bridge is lit with lavender fairy bulbs.
I don't know why,
but I like to think of the foreman in his hard hat,
stringing this delicate
gift along the cold gray metal beams,
decorating the Hudson River crossing.

I ran across the bridge once. The wind pushed me
as I crossed from New York to Jersey, lifting my steps, pulling
me toward the Palisades.
I was not alone.
Men with backpacks walked the windswept
passage toward the city.
A cyclist hollered as she sped
by to my left.
A family of pigeons burrowed
into a crevice of metal.

Across, I stopped and looked back,
marveling at the distance.
The land preserved by Rockefeller to my left;
the metropolis to my right.
The bridge gleamed and grew
warm in the morning light.

El Puente GWB

Pensé que había visto un pájaro con las alas abiertas
de par en par, apuntando al sol.
Pensé que había visto un esqueleto, huesos limpios
como los que pelo para el caldo.
Pero era un puente, que me llamaba
a través de la niebla que se desintegraba,
vigas de acero, hilos de cable retorcidos,
pernos que sostienen imposiblemente
el camino sobre el río.

Cada marzo, el puente se ilumina con guirnaldas de luces
color lavanda.
No sé por qué,
pero me gusta pensar en el capataz con su casco,
enhebrando este delicado
regalo a lo largo de las frías vigas de metal gris,
decorando el cruce del río Hudson.

Corrí por el puente una vez. El viento me empujó
mientras cruzaba de Nueva York a Jersey,
elevando mis pasos, tirando de mí hacia las Palisades.
No estaba sola.
Hombres con mochilas caminaban por el ventoso
pasaje hacia la ciudad.
Una ciclista gritó mientras pasaba
a mi izquierda.
Una familia de palomas se acurrucó
en una grieta de metal.

Al otro lado, paré y miré atrás,
maravillada por la distancia.
La tierra conservada por Rockefeller a mi izquierda;
la metrópolis a mi derecha.
El puente brillaba
y se calentaba a la luz de la mañana.

Life

We spent the weekend saving the drooping plants on the north facing windowsill.

Dirt on the counter, thumbnails dark with store-bought earth, the smell of mud in our six story kitchen.

I pray the small spider plant feels hopeful in its new pot, ready to drop baby tendrils into the surrounding air.

We bought a sunlamp to keep the plants company during the winter, but now I wonder what's the use.

Life happens of its own accord no matter what you try to plan or protect.

Mother nature tears through,
peonies burst like garish grapefruit ripped open for breakfast,
a tornado blesses one house,
devastates the next.

Life was happening all along.

Buy the house, write the book, kiss the girl, scream into the ocean waves, the oncoming subway arriving at your station.

Life is more than short, a microcosm of a microcosm, so brief I almost missed it.

And this is why I know I love you.

Vida

Pasamos el fin de semana salvando las plantas caídas
en el alféizar de la ventana que da al norte.

Tierra en la mesada, uñas oscurecidas con tierra
comprada en la tienda, el olor a barro en nuestra
cocina del sexto piso.

Rezo para que el pequeño lazo de amor se sienta
esperanzado en su nueva maceta,
listo para dejar caer sus hojitas bebé en el aire
circundante.

Compramos una lámpara solar para hacer compañía a
las plantas durante el invierno, pero ahora me
pregunto para qué sirve.

La vida sucede por sí sola, sin importar lo que intentes
planear o proteger.

La madre naturaleza se abre paso,
las peonías estallan como pomelos estridentes
abiertos para el desayuno,
un tornado bendice una casa,
devasta la siguiente.

La vida estaba sucediendo todo el tiempo.

Compra la casa, escribe el libro, besa a la chica, grita
hacia las olas del océano, el metro que se acerca a tu
estación.

La vida es más que corta, un microcosmos de un
microcosmos, tan breve que casi la paso por alto.

Y por eso sé que te amo.

My Neck

The grocery list, the name of my favorite fourth grade
teacher,
the song that was placed played on that show with that actor
from Will and Grace last night, the fear and worry about what
will happen when we are old and there is nobody to take care
of us,
the punchline from that joke I can never get right.

Heavy, knotted sinews, tangle of nerves and synapses.
How much longer can I hold?

Lay me down and manipulate my muscles like that masseuse
on Broadway when he cupped my head like a baby being
bathed in the river. Call me Moses and release me in the
healing water. Call me Moses and let go of the past. Call me
Moses and know the best
is yet to come.

Mi Cuello

La lista de compras, el nombre de mi profesora favorita
de cuarto grado,
la canción que sonaba en ese programa con ese actor
de Will and Grace anoche, el miedo y la preocupación
acerca de qué
sucederá cuando seamos viejos y no haya nadie
para cuidarnos, el remate de ese chiste que nunca
puedo recordar bien.

Nudos apretados, enredos de nervios y sinapsis.
¿Cuánto tiempo más puedo aguantar?

Acuéstame y maniobra mis músculos como ese masajista
en Broadway cuando sostuvo mi cabeza como un bebé
bañado en el río. Llámame Moisés y libérame
en las aguas curativas. Llámame Moisés y suelta el pasado.
Llámame Moisés y sabe que lo mejor está por venir.

Salt

My mother's gnocchi sits in a bowl before us in the dining room attached to her small kitchen, steaming in a pool of sauce with strips of seasoned beef.

She wields a fork to transform potato and flour into dumplings over a Sunday afternoon.

I never learned how to make these gnocchi myself.

Tiny ridges meet the smooth curl of the edge,
like small fingers
entwined in prayer.
Semolina, salty parmesan on top of the heap,
delicate offerings at the altar of the dining room table,
chipped veneer under the cloth
my grandmother sewed years before she died.

The room is growing dark as the sun goes down and we bow our heads in thanks for one more week of grace.

Sal

Los ñoquis de mi madre reposan en una fuente frente el comedor
pegado a su pequeña cocina, humeando en un charco de salsa
con trozos de carne sazonada.

Ella blande un tenedor para convertir papa y harina en pequeñas
bolitas una tarde de domingo.

Nunca aprendí a hacer estos ñoquis.

Pequeños surcos se encuentran con el suave rizo del borde,
como dedos diminutos
entrelazados en oración.
Sémola, queso parmesano salado por encima de la pila,
delicadas ofrendas en el altar de la mesa del comedor,
revestimiento astillado bajo el mantel
que mi abuela cosió años antes de morir.

La habitación se oscurece mientras el sol se pone y agachamos
la cabeza en agradecimiento por una semana más de gracia.

Pandemic

They say coyotes are walking the streets of Chicago.
Wild boars in Haifa.

Foxhole prayers trapped inside plaster walls,
craving the freedom of nature.

When we return to our feral selves,
where does kindness enter?

One brave soul ventures forward
carrying the wild and untamed alongside.

We do not know that this life is broken
until we reach the end.

Pandemia

Dicen que los coyotes recorren las calles de Chicago.
Jabalíes en Haifa.

Oraciones de trinchera atrapadas en paredes de yeso,
anhelando la libertad de la naturaleza.

Cuando regresamos a nuestros seres salvajes,
¿dónde entra la bondad?

Un alma valiente se aventura hacia adelante
cargando lo salvaje e indomable consigo.

No sabemos que esta vida está rota
hasta que llegamos al final.

A Kindness

Such a simple gesture, without much thought, just a hand reaching out to hold the door open for that woman with too many bags and the dog leash around her waist and two grimey kids yelling at one another down the block. The spark of kindness made a light, made my city into a paradise, vibrating, the brisk and brave venturing onto a subway platform, crossing Broadway against the light, eating pierogies again at Veselka, walking the streets where we lived years after moving up and across and further north in the migration of our lives.

Un Acto de Bondad

Un gesto tan simple, sin mucho pensamiento, solo una mano extendida para sostener la puerta abierta para esa mujer con demasiadas bolsas y la correa del perro alrededor de la cintura y dos niños sucios gritándose en la vereda. La chispa de la bondad creó una luz, convirtió mi ciudad en un paraíso, vibrante, los valientes y decididos aventurándose a una plataforma de metro, cruzando Broadway a contraluz, comiendo ravioles polacos de nuevo en Veselka, caminando por las calles donde vivimos años después de mudarnos al norte de la ciudad, cruzando y aún más al norte en la migración de nuestras vidas.

Yoga Practice

If I lay here too long,
I will never wake.
Hips spread open,
finally able to rest.
Here is a breath.

Happy to meet you
dusty carpet and cluttered floor.
View framed
morning coffee,
stacks of unread books,

and the laundry a man
from Kenya
washed, dried, folded,
and carried on his head
to my door just yesterday.

Práctica de Yoga

Si me quedo aquí demasiado tiempo,
nunca despertaré.
Caderas abiertas,
finalmente capaces de descansar.
Aquí, una respiración.

Feliz de conocerte,
alfombra polvorienta y suelo
desordenado. Vista enmarcada,
café de la mañana,
pilas de libros sin leer,

y la ropa que un hombre
de Kenia
lavó, secó, dobló,
y llevó sobre su cabeza
hasta mi puerta justo ayer.

Mirar

I see the speech of leaves,
rubies laid beside
fading citrine.
Autumn has arrived.

The goldfinch sings
on the banks of the Hudson.
Yellow and black flitting
from branch to rock.

The word marvel comes from the Latin *mirari*.
To be surprised.

What are you doing with your long-forgotten
pieces? Where do they live today?

The tyranny of resilience
means that I am still here.

Mirar

Veo el discurso de las hojas,
rubíes dispuestos junto
a un cuarzo que se desvanece.
El otoño ha llegado.

El jilguero canta
en las orillas del Hudson.
Amarillo y negro revoloteando
de rama en roca.

La palabra maravilla proviene del latín *mirari*
Estar sorprendido.

¿Qué haces con las partes de ti que cayeron en el olvido?
¿Dónde viven hoy?

La tiranía de la resiliencia
significa que todavía estoy aquí.

The City

Nature is all around,
even when surrounded
by cityscape and the drumming
of the bedrock-exploding machine
they're using down the block
to excavate.

Pause. Wait for the signs
to present themselves
to greedy eyes, mouth and gut.
Ripped apart and raw:
Here is New York.

With the birds comes the rattle
of jackhammer, hum of the 1,
the beating of my heart
like coins in a tin cup
thrust forward with a hungry
stare.

If you can make it here,
you can make it anywhere. That if,
the cliffhanger of your life.

La Ciudad

La naturaleza está en todas partes,
incluso cuando estás rodeado
por el paisaje urbano y el retumbar
de la máquina que hace explotar el pavimento
que están usando en la otra cuadra
para excavar.

Pausa. Espera a que los signos
se presenten
ante ojos, boca y estómago codiciosos.
Desgarrada y cruda:
Aquí está Nueva York.

Con los pájaros llega el traqueteo
del martillo neumático, el zumbido del tren 1,
los latidos de mi corazón
como monedas en una lata
tiradas con una mirada hambrienta.

Si puedes triunfar aquí,
puedes triunfar en cualquier lugar. Ese "si,"
el suspenso de tu vida.

Self Portrait

The roar of elevated 1 train,
garbage truck crushing cans,
window sill covered in silt,
peeling London plane bark,
where bluejays hunt
the hawk that circles
our prewar building.

Stack of books
towering the mat,
sits bones
waiting for quiet to come,
the bedrock
of spine extended
root to crown.
Borges's Labyrinth hyperlink,
this one place,
this place once theirs,
borrowed and rented,
like this life.

Chicken nuggets and abuelo's
McDonald's work aprons hung
in the kitchen, loud laughter
out the door like a white crane
swooping into the backyard
where I forever sit with my brothers
making birds nests out of twigs,
dried grass and pieces of string.

Autorretrato

El rugido del tren elevado de la línea 1,
el camión de basura aplastando latas,
el alféizar de la ventana cubierto de polvo,
la corteza descascarada del plátano de Londres,
donde los pájaros en bandada cazan
al halcón que rodea
nuestro edificio de época.

La pila de libros
junto a la colchoneta de yoga,
se sienta sobre los isquiones
esperando que llegue el silencio,
la base sólida de la columna extendida
de la raíz a la corona.
El laberinto de Borges, hipervínculo,
este único lugar,
este lugar que una vez fue de ellos,
prestado y alquilado,
como esta vida.

Nuggets de pollo y
los delantales del trabajo del abuelo
en McDonald's colgados en la cocina, risas fuertes
salen por la puerta como una grulla blanca
y se zambullen en el patio trasero
donde siempre estoy sentada con mis hermanos
haciendo nidos de aves con ramitas,
pasto seco y pedacitos de cuerda.

The dog is still dying and I am late to a meeting

On the morning of your birthday I search
for old text messages, saved voicemails, an email,
and yes, your hand written cards.

Smooth on moisturizer, brighten and depuff
under the eyes: always upward strokes to minimize
fine lines and wrinkles (fight gravity).

Old age isn't bad when you consider
the alternative. Our plumbing is made of copper,
the parquet floors are original.
They don't come like this anymore.

The orange and red seats on the A train
are vintage, more than 25 years old.
I scratch your name deep in the plastic veneer,
preserving us for longer than this ride.

El perro se sigue muriendo y yo llego tarde a una reunión

En la mañana de tu cumpleaños, busco
mensajes de texto antiguos, mensajes de voz guardados,
un correo electrónico,
y sí, tus tarjetas escritas a mano.

Aplico crema humectante, iluminador y corrector para las bolsas debajo de los ojos: siempre movimientos ascendentes para minimizar las líneas finas y las arrugas (luchar contra la gravedad).

La vejez no es mala si consideras
la alternativa. Nuestras cañerías de cobre,
los pisos de parquet originales.
Ya no los hacen así.

Los asientos naranjas y rojos del tren A
son de época, tienen más de 25 años.
Grabo tu nombre profundo en la chapa de plástico,
preservándonos por más tiempo de lo que dura este viaje.

the A train,

my comfy seat squeezed in the corner,
red and yellow patchwork of plastic;
the basket of umbrellas, overflowing
tangled limbs that I pruned into a pile around
the entryway of our apartment in anticipation
of the next walk home in a storm;
Penn Station when I used
to commute into the city from New Jersey. Men
with briefcases, some wearing backpacks designed
to let them move faster, carry their belongings
to and from big houses to tiny cubicles

women wearing running
shoes and pantyhose, heels
hidden away in a tote to put on quickly
in the lobby of their office before
stuffing sneakers under their desks;
the drive down the West Side Highway
in the backseat of a black car
watching the buildings grow as I descended
Northern Manhattan into the thick whir;
my cousin after we escaped
the heat and noise of the subway platform
walked through the breezy park at the top of the hill,
foot of my home,

"It's shangri-la:"

churros sold at the 14th Street station
fingers sticky from the sugar celebration
of fried dough. I wonder where those small,
indigenous women are today;

that time I fell
asleep on the D
from Houston
going the wrong way until
I woke up deep in Brooklyn,
just a few months
before I decided
to move to the city forever;
West 103rd and my walk
to the subway along Broadway, the woman
who pushed her baby carriage
and dog toward me as she walked on the wrong
side of the sidewalk, the sound
of my umbrella clanging against hers
after she called me a fat bitch;
the black men singing on the long
ride ride between 125th and Columbus Circle,
harmonizing "Stand By Me," as they made
their way down the car;

the lights flickering dark
on the subway and me straining
to read the last page of my book;
the alarm going off in the car,
sharp key never identified, but snuffed
out with a casual tap
from my fingers on the metal box
over the conductor's room.
Everyone's eyes on my back,
the collective sigh of relief.
An urban magic trick;
north at Dyckman, waiting for room
for us at 207. No cell service
and me repeatedly tapping
airplane mode to try reset my phone,
like the impotent pressing
of a call button for an elevator.

Where were we all going?

El Tren A,

mi asiento cómodo apretado en la esquina,
un mosaico de plástico rojo y amarillo;
la cesta de paraguas, desbordante
miembros enredados que ordené en una pila
a la entrada
de nuestro departamento,
anticipándome a la próxima
caminata a casa bajo la tormenta;

Penn Station cuando solía viajar
a la ciudad desde Nueva Jersey. Hombres
con maletines, algunos con mochilas
diseñadas para permitirles moverse más rápido,
llevan sus pertenencias de grandes
casas a diminutas oficinas

mujeres
con zapatillas y medias largas, tacones
escondidos en una bolsa para ponerse
rápidamente en el lobby de su oficina
antes de guardar las zapatillas debajo
de su escritorio;
el viaje por la
West Side Highway en el asiento trasero
de un auto negro viendo los edificios crecer
mientras descendía del norte de Manhattan
hacia el denso zumbido; mi prima
después de escapar del calor y el ruido
del andén del metro atravesó el parque
y su brisa en la cima de la colina,
al pie de mi hogar,

"Es shangri-la"

churros vendidos en la estación de la calle 14,
dedos pegajosos por la celebración de azúcar
de la masa frita. Me pregunto, dónde
estarán hoy esas pequeñas mujeres indígenas;

esa vez que me quedé dormida
en el metro D desde Houston yendo
en la dirección equivocada, me desperté
en pleno Brooklyn, solo unos meses antes
de decidir mudarme a la ciudad para
siempre; West 103rd y mi caminata al metro
por Broadway, la mujer que empujaba
el cochecito de su bebé y su perro hacia mí mientras
caminaba por el lado equivocado
de la acera, el sonido de mi paraguas
chocando contra el suyo después
de que me gritara gorda.
los hombres negros cantando
en el largo viaje entre la calle 125
y Columbus Circle, armonizando "Stand By Me,"
mientras avanzaban por el vagón;

las luces parpadeando en el metro
y yo esforzándome por leer la última
página de mi libro; la alarma sonando
en el vagón, una nota aguda nunca identificada,
pero apagada con un toque casual de mis dedos
en la caja de metal sobre la sala del conductor.
Todos los ojos en mi espalda, el suspiro
colectivo de alivio. Un truco de magia urbana;
hacia el norte en Dyckman, esperando que quede
espacio para nosotros
los de la calle 207. Sin servicio de celular
y yo tocando repetidamente el modo avión
para intentar reiniciar mi teléfono,
como presionar impotente el botón
para llamar al ascensor.

¿A dónde íbamos todos?

Confluence

The years come early and go fast
spindly juniper fronds,
fields of fawn colored hope,
down feathers shed in the tall grass
A smile urging us forward.

Touch your
forefinger to forefinger,
thumb to thumb.
Focus.
Freeze that frame.

They say marriage is a puzzle solved,
but I say it is a volcanic
mountain peak
a rushing mudslide spilling over river banks—
diverging
converging
transforming:

Your hand sliding into mine,
tectonic plates
interlocking
a chain of evening primrose
oceanic crystal crown
rain, hail, thunder,
prismatic arc.
Here we are.

Love is a sweet collision
marriage a buoyant vessel
a raft taking you home.

Confluencia

Los años llegan temprano y se van rápido,
brotes delgados de enebro,
campos de esperanza color beige,
plumas derramadas sobre el pasto alto,
Una sonrisa que nos impulsa hacia adelante.

Toca tu dedo
índice con dedo índice,
pulgar con pulgar.
Concéntrate.
Congela ese cuadro.

Dicen que el matrimonio es un rompecabezas resuelto,
pero yo digo que es la cumbre
de una montaña volcánica
un rápido deslizamiento de tierra
derramándose sobre las orillas del río,
divergente
convergente
transformador:

Tu mano deslizándose en la mía,
placas tectónicas
entrelazadas,
una cadena de onagra
corona de cristal oceánico lluvia,
granizo, truenos, arco iris prismático.
Aquí estamos.

El amor es una dulce colisión,
el matrimonio una embarcación flotante,
una balsa que te lleva a casa.

A Marriage

Never go to bed angry.
Go to bed angry, but passionately kiss before you sleep.
Forgive freely.
Wake up every day choosing to be together.
And don't forget, a comfortable, wide bed can get you
through anything.

Marry your best friend, but don't forget your best friends.
You are here to support, not to parent.
Love yourself first, then loving each other will come easily.
Empathy. Patience. Partnership. Individualism.
All in equal measure.
This is the wisdom we pass down wedding to wedding,
love to love, but there is only one truth.

Together, you will build your own palace, golden columns and gilded gargoyles protecting from the outside forces. Gaze up. Over the open doorways is a thatched roof of rushes, heather, and palm branch, inside a courtyard with rust-colored mud where the sun has baked it hard like rock, impenetrable yet raw. Only you two will understand this patchwork of support structures, its labyrinth of passages that lead to grand fields of ripe sweet citrus meant only for your lips.
Hold each other in each other's hands as you would a bunch of flowers, bright and intoxicating, fragile and impermanent.

Un Matrimonio

Nunca te acuestes enojado.
Acuéstate enojado, pero bésense apasionadamente
antes de dormir.
Perdona libremente.
Despiértate cada día eligiendo estar juntos.
Y no olvides, una cama cómoda y amplia puede ayudarte
a superar cualquier cosa.

Cásate con tu mejor amigo, pero no olvides a tus mejores amigos.
Estás aquí para apoyar, no para criar.
Ámate a ti mismo primero, luego amarse mutuamente será más fácil.
Empatía. Paciencia. Sociedad. Individualismo.
Todo en igual medida.
Esta es la sabiduría que pasamos de boda en boda, de amor a amor, pero solo hay una verdad.

Juntos, construirán su propio palacio, columnas de oro y gárgolas doradas protegiéndolos de las fuerzas externas. Miren hacia arriba. Sobre las puertas abiertas hay un techo de paja de juncos, brezo y hojas de palma, adentro un patio con barro color óxido que el sol ha endurecido como una roca, impenetrable pero crudo. Solo ustedes dos entenderán este mosaico de estructuras de apoyo, su laberinto de pasajes que conducen a grandes campos de cítricos maduros destinados solo a sus labios.
Sosténganse mutuamente en las manos del otro como lo harían con un ramo de flores, brillantes y embriagadoras, frágiles e impermanentes.

Inwood

I thought I missed the A train. Plastic yellow seats. Subway singers. Southbound rumble drumbeat signaling Columbus Circle. No looking up, I knew the station. But it was the walk home after the jostle of turnstile, jockeying for seat, jingle of keys at the bottom of bag, winding through the Shangri-la of Inwood at the top of the island, top of the hill, sun setting over the Cloisters, you and me eating Chinese food on the couch with the cat and dog, remembering what a beautiful day it's been.

Inwood

Pensé que había perdido el tren A. Asientos amarillos de plástico. Cantantes del subte. El retumbar del tambor marcando el rumbo hacia el sur, anunciando Columbus Circle. Sin mirar arriba, sabía la estación. Pero era el camino de regreso a casa después del empujón del molinete, la lucha por un asiento, el tintineo de las llaves en el fondo de la cartera, serpenteando por el Shangri-la de Inwood en la cima de la isla, en lo alto de la colina, el sol poniéndose sobre los Cloisters, vos y yo comiendo comida china en el sofá con el gato y el perro, recordando lo hermoso que ha fue el día.

9 798989 962921

Printed by Libri Plureos GmbH in Hamburg,
Germany